2-2

"따라쓰기 쉬운"

바른 글씨체와 받아쓰기

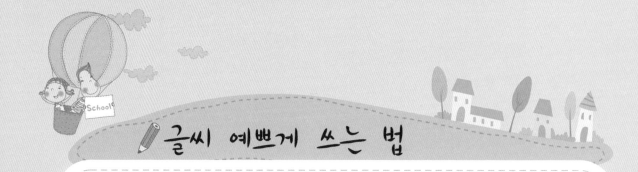

바른 자세는 예쁜 글씨의 기본조건입니다. 같은 사람이라도 필기구 잡는 법을 바꾸면 글씨체가 바뀝니다.

필기구를 제대로 잡아야 손놀림이 자유롭고 힘이 많이 들어가지 않으며 글씨체도 부드러워집니다. 또 오른손이 필기구를 잡는다면 왼손은 항상 종이 위쪽에 둬야 몸 자세가 비뚤어지지 않습니다.

글씨 연습의 원칙 중엔 '크게 배워서 작게 쓰라'도 있습니다. 처음부터 작게 연습을 하면 크게 쓸 때 글씨체가 흐트러지기 쉽기 때문입니다. 글씨 연습의 첫 출발은 선 긋기입니다. 선 긋기만 1주일에서 열흘 정도 연습해야 합니다. 글씨의 기둥 역할을 하는 'ㅣ'는 쓰기 시작할 때 힘을 주고 점차 힘을 빼면서 살짝 퉁기는 기분으로 빠르게 내려긋습니다. 'ㅡ'는 처음부터 끝까지 일정한 힘을 줘 긋습니다.

선 긋기 연습이 끝나면 'ㄱ' 'ㄴ' 'ㅅ' 'ㅇ'을 연습합니다. 'ㄱ'과 'ㄴ'은 꺾이는 부분을 직각으로 하지 말고 살짝 굴려줘야 글씨를 부드럽게 빨리 쓸 수 있습니다. 'ㅇ'은 크게 쓰는 것이 중요합니다. 'ㅇ'은 글자의 얼굴격이기 때문입니다. 작게 쓰면 백발백중 글씨가 지저분하게 보입니다.

다음엔 자음·모음 배열법입니다. 글자 모양을 'ㄷ' 'ㅿ' 'ㅇ' 'ㅁ' 안에 집어넣는다고 생각하고 씁니다. 예를 들어 '서' '상' 등은 'ㄷ'모양, '읽'은 'ㅁ'모양에 맞춰 쓰는 식입니다. 글씨를 이어 쓸 때는 옆 글자와 키를 맞춰줘야 합니다. 키가 안 맞으면 보기 흉합니다. 글씨를 빨리 쓸 때는 글자에 약간 경사를 주면 됩니다. 이때는 가로획만 살짝 오른쪽 위로 올리고, 세로획은 똑바로 내려긋습니다.

예 서 오 공

이책의 구성과 특징

❶ 글씨 쓰기는 집중력과 두뇌 발달에 도움을 줍니다.

❷ 흐린 글씨를 따라 쓰고 빈칸에 맞추어 쓰다 보면
   한글 자형의 구조를 알 수 있습니다.

❸ 글씨쓰기의 **모든 칸을 원고지로 구성**하여 바르고 고른 글씨
   를 연습하는데 좋습니다.

❹ 원고지 사용법을 기록하여 대화글 쓰는데 도움이 됩니다.
   예 ? (물음표) – 묻는 문장 끝에 씁니다.

❺ **퍼즐을 넣어** 단어의 뜻과 놀이를 동시에 할 수 있습니다.

❻ 단원 끝나는 부분에 틀리기 쉬운 글자를 한번 더 복습하여
   낱말의 정확성을 키워 줍니다.

글씨를 쓸 때의 올바른 자세에 대해 알아보아요.

고개를 조금만
숙입니다.

글씨를 쓰지 않는
손으로 공책을
살짝 눌러 줍니다.

허리를 곧게
폅니다.

엉덩이를 의자
뒤쪽에 붙입니다.

두 발은 바닥에
나란히 닿도록
합니다.

 연필을 바르게 잡는 방법을 알아보아요.

엄지손가락과
집게손가락의 모양을
둥글게 하여 연필을
잡습니다.

연필을 잡을 때에
너무 힘을 주면
안 돼요.

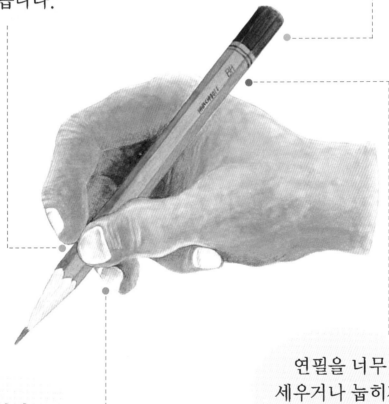

가운뎃손가락으로
연필을 받칩니다.

연필을 너무
세우거나 눕히지
않습니다.

School Life

목차

1. 느낌을 나누어요

I. 느낌을 나누어요

 연필을 바르게 잡고 다음 낱말을 따라 써 보아요.

은 방 울 꽃

매 달 린

빗 방 울

생 쥐

다음 글을 읽고 문장을 따라 써 보아요.

간당간당 고갯말

누가 알아들었을까 ?

 연필을 바르게 잡고 다음 낱말을 따라 써 보아요.

선 반

가 마 솥

바 가 지

껍 질

다음 글을 읽고 문장을 따라 써 보아요.

옹솥에다　삶을까

가마솥에다　삶을까

 다음 글을 읽고 문장을 따라 써 보아요.

야들야들 다 익었

을까? 쫄깃쫄깃 맛

다음 글을 읽고 문장을 따라 써 보아요.

이   있을까?   냠 냠

한번   먹어   볼까?

 다음 글을 읽고 문장을 따라 써 보아요.

두   옹달샘에는   종

달새의   고운   소리도✓

다음 글을 읽고 문장을 따라 써 보아요.

담겨 있고, 파란 하

늘도 담겨 있어요.

 다음 글을 읽고 문장을 따라 써 보아요.

아 무 에 게 도   내   물

을   주 고   싶 지   않 아 !

다음 글을 읽고 문장을 따라 써 보아요.

게다가　털을　떨어뜨

릴　수도　있잖아 ?

I. 느낌을 나누어요

다음 글을 읽고 문장을 따라 써 보아요.

가을이   되었어요.

한   잎, 두   잎, 나뭇

다음 글을 읽고 문장을 따라 써 보아요.

잎이　바람에　떨어지

기　시작하였어요.

 '바' 자로 시작하는 낱말을 바르게 써 보아요.

바 구 니

바 쁘 다

바 삐

'부' 자로 시작하는 낱말을 바르게 써 보아요.

부 두

부 모 님

부 추

 틀린 글자예요. 바르게 고쳐 써 보아요.

친찬	칭 찬

쓰래기통	쓰 레 기 통

널께 느껴진다	넓 게

백겨 써요	베 껴

2. 바르게 알려 줘요

 연필을 바르게 잡고 다음 낱말을 따라 써 보아요.

전 쟁

옛 날   집

농 사

갑 옷

다음 글을 읽고 문장을 따라 써 보아요.

우리나라　사람들이

만든　우수한　악기들

 연필을 바르게 잡고 다음 낱말을 따라 써 보아요.

 동그라미

 바닷물

 고래

 잠수

다음 글을 읽고 문장을 따라 써 보아요.

숨을 쉬기 위하여 ✓

물을 내뿜나 봐.

 다음 글을 읽고 문장을 따라 써 보아요.

고 래 의　　따 뜻 한　　숨

과　　차 가 운　　공 기 가

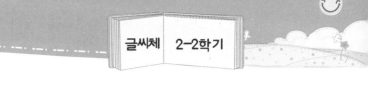

다음 글을 읽고 문장을 따라 써 보아요.

서로 닿아 뭉치면서 ✓

흰 물보라처럼 보여.

 다음 글을 읽고 문장을 따라 써 보아요.

속담을 넣어 말하

면 내 생각을 좀

다음 글을 읽고 문장을 따라 써 보아요.

더 쉽고 분명하게

전할 수 있습니다.

 다음 글을 읽고 문장을 따라 써 보아요.

만일, 길을 가다가 ✓

장승을 만나면 친구

 다음 글을 읽고 문장을 따라 써 보아요.

인 듯 반갑게 인사

하여 보면 어떨까?

 '샤' 자로 시작하는 낱말을 바르게 써 보아요.

사 나 이

사 다 리

사 막

 '소' 자로 시작하는 낱말을 바르게 써 보아요.

소 나 무

소 식

소 풍

 틀린 글자예요. 바르게 고쳐 써 보아요.

궁전을 옴긴다	옴 긴 다

놀아주지 안았어요	않 았 어 요

친구가 실었는데	싫 었 는 데

겉모습	겉 모 습

3. 생각을 나타내요

 연필을 바르게 잡고 다음 낱말을 따라 써 보아요.

 세 모

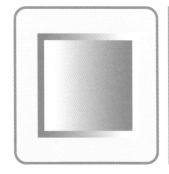 네 모

 자 랑

 나 무

다음 글을 읽고 문장을 따라 써 보아요.

네 모 는　　넓 적 한　　얼

굴 을　　자 랑 하 였 어 요 .

3. 생각을 나타내요

 연필을 바르게 잡고 다음 낱말을 따라 써 보아요.

심 술 궂 은

찬 바 람

산 딸 기

독 사

다음 글을 읽고 문장을 따라 써 보아요.

어느 고을에 심술

궂은 사또가 살았어.

3. 생각을 나타내요

 다음 글을 읽고 문장을 따라 써 보아요.

여봐라, 이방. 산딸

기를 따 오너라.

다음 글을 읽고 문장을 따라 써 보아요.

이방은 걱정을 하

다 그만 병이 났어.

 다음 글을 읽고 문장을 따라 써 보아요.

어머니, 지금부터라

도 물이 오염되지

다음 글을 읽고 문장을 따라 써 보아요.

않	게		해	야	겠	어	요	.	물
은		소	중	하	니	까	요	.	

 다음 글을 읽고 문장을 따라 써 보아요.

나는 주변 경치가

아름다운 집에서 살

다음 글을 읽고 문장을 따라 써 보아요.

고　　싶어 . 꽃과　　나무

를　　볼　　수　　있잖아 ?

 '수' 자로 시작하는 낱말을 바르게 써 보아요.

수 도

수 리

수 풀

'자'와 '조'자로 시작하는 낱말을 바르게 써 보아요.

자 투 리

자 루

조 약 돌

 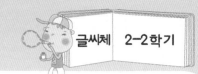

 틀린 글자예요. 바르게 고쳐 써 보아요.

| 납적한 | 넓 적 한 |

| 심술굳은 | 심 술 궂 은 |

| 꾸짓었어 | 꾸 짖 었 어 |

| 꽤병 | 꾀 병 |

4. 마음을 주고받으며

4. 마음을 주고받으며

 연필을 바르게 잡고 다음 낱말을 따라 써 보아요.

홍 시

까 마 귀

운 동 장

고 깔

다음 글을 읽고 문장을 따라 써 보아요.

까마귀야, 까마귀야 ✓

나무에   왜   앉았나

4. 마음을 주고받으며

 연필을 바르게 잡고 다음 낱말을 따라 써 보아요.

 글 짓 기

 선 물

 발 걸 음

 자 동 차

다음 글을 읽고 문장을 따라 써 보아요.

다행히 우리 편이 ✓

조금 앞서 있었다.

4. 마음을 주고받으며

 다음 글을 읽고 문장을 따라 써 보아요.

집으로 가는 발걸

음이 가벼웠다. 길가

다음 글을 읽고 문장을 따라 써 보아요.

의　　꽃들이　나를　보

고　웃고　있었다 .

 다음 글을 읽고 문장을 따라 써 보아요.

어 머 니 께 서   많 이

편 찮 으 신 데 , 장 생 초 를

다음 글을 읽고 문장을 따라 써 보아요.

드시면 낫는다고 해

서 찾고 있습니다.

4. 마음을 주고받으며

 다음 글을 읽고 문장을 따라 써 보아요.

젊은이, 이게 바로✓

장생초라네. 어서 가

다음 글을 읽고 문장을 따라 써 보아요.

서   어 머 니 의   병 을

낫 게   해   드 리 게 .

 '차' 와 '초' 자로 시작하는 낱말을 바르게 써 보아요.

차 비

초 가 집

초 파 리

'카'와 '코'자로 시작하는 낱말을 바르게 써 보아요.

카 메 라

코 끼 리

코 피

4 마음을 주고받으며

글씨체 2-2학기

 틀린 글자예요. 바르게 고쳐 써 보아요.

어저깨	어 저 께

쩔뚝 거리며	절 뚝 거 리 며

꼬깔	고 깔

발꺼름	발 걸 음

5. 어떻게 정리할까요?

 연필을 바르게 잡고 다음 낱말을 따라 써 보아요.

딱 지

아 기

젖 니

충 치

다음 글을 읽고 문장을 따라 써 보아요.

딱 지 를   원   밖 으 로 ✓

쳐   내 서   따 먹 습 니 다 .

5. 어떻게 정리할까요?

 연필을 바르게 잡고 다음 낱말을 따라 써 보아요.

수 목 원

오 이

고 추

호 박

다음 글을 읽고 문장을 따라 써 보아요.

나 무 향 을 맡 으 며 ✓

걸 을 수 있 습 니 다 .

 다음 글을 읽고 문장을 따라 써 보아요.

뒤 집 기 로   딱 지 를

따 려 면   자 기   딱 지 로 ✓

다음 글을 읽고 문장을 따라 써 보아요.

상 대 방 의　　 딱 지 를　　 쳐

서　　 뒤 집 어 야　　 합 니 다 .

 다음 글을 읽고 문장을 따라 써 보아요.

이가 아무리 단단

하여도 충치가 생길

다음 글을 읽고 문장을 따라 써 보아요.

수 있다는 사실을

잊으면 안 됩니다.

 다음 글을 읽고 문장을 따라 써 보아요.

치자를 끓이면 노

란색 물이 나오는데

다음 글을 읽고 문장을 따라 써 보아요.

천을　담그면　노란색✓

옷감이　만들어집니다.

 '타' 자로 시작하는 낱말을 바르게 써 보아요.

타 조

타 다

타 자 기

'토' 자로 시작하는 낱말을 바르게 써 보아요.

토 라 지 다

토 지

토 끼

 틀린 글자예요. 바르게 고쳐 써 보아요.

새끼를 나을 때	낳 을
집을 넣어준다	짚 을
젓은 풀	젖 은
기쁜 소식	기 쁜

6. 하고 싶은 말

6. 하고 싶은 말

 연필을 바르게 잡고 다음 낱말을 따라 써 보아요.

어 린 이

노 인

외 국 인

행 복

다음 글을 읽고 문장을 따라 써 보아요.

서 로　다 른　색 이

모 여　하 나 를　만 든 다.

6. 하고 싶은 말

 연필을 바르게 잡고 다음 낱말을 따라 써 보아요.

쓰레기통

놀이터

놀이 기구

나쁜 냄새

다음 글을 읽고 문장을 따라 써 보아요.

놀이터에 쓰레기통

을 놓으면 안 된다.

 다음 글을 읽고 문장을 따라 써 보아요.

지난번	소라가	아			

팠을	때,	길이	좁아		

다음 글을 읽고 문장을 따라 써 보아요.

병 원　가 는　데　시 간

이　많 이　걸 렸 어 요 .

 다음 글을 읽고 문장을 따라 써 보아요.

앉아서　듣고만　있

던　새침데기　바늘

다음 글을 읽고 문장을 따라 써 보아요.

각시가 따끔하게 쏘

듯 한마디 합니다.

6. 하고 싶은 말

 다음 글을 읽고 문장을 따라 써 보아요.

구	겨	지	고		접	힌		곳
을		내	가		말	끔	히	펴 ✓

다음 글을 읽고 문장을 따라 써 보아요.

주어야　하지요. 그래

야　맵시가　나지요.

 '파' 자로 시작하는 낱말을 바르게 써 보아요.

파랗다

파리

파김치

'파' 와 '포' 자로 시작하는 낱말을 바르게 써 보아요.

파	묻	다
포	대	
포	기	

틀린 글자예요. 바르게 고쳐 써 보아요.

| 새침떼기 | 새 침 데 기 |

| 꾀어야
보배 | 꿰 어 야 |

| 멋장이 | 멋 쟁 이 |

| 손
다칠쎄라 | 다 칠 세 라 |

7. 재미가 솔솔

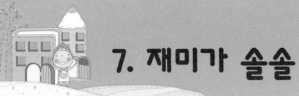

7. 재미가 솔솔

연필을 바르게 잡고 다음 낱말을 따라 써 보아요.

 쟁 반

 둥 근   달

 남 산

 귤

다음 글을 읽고 문장을 따라 써 보아요.

달　달　무슨　달

쟁반같이　둥근　달

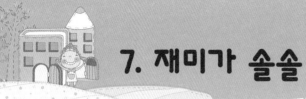

 연필을 바르게 잡고 다음 낱말을 따라 써 보아요.

학 교

나 뭇 가 지

새 장

참 새

 다음 글을 읽고 문장을 따라 써 보아요.

참새 같은 아이들

이 얼굴을 내밀지요.

 다음 글을 읽고 문장을 따라 써 보아요.

한 참 을   헤 매 다 가

' 거 꾸 로   나 라 로   가

 다음 글을 읽고 문장을 따라 써 보아요.

는　길'이라는　푯말

을　발견하였습니다.

다음 글을 읽고 문장을 따라 써 보아요.

책 상　위 에　팔 꿈 치

를　세 워　머 리 를　비

다음 글을 읽고 문장을 따라 써 보아요.

스듬히　　괴고　　있는

아이도　　있었습니다 .

 다음 글을 읽고 문장을 따라 써 보아요.

작문 시간이 끝날

무렵, 선생님께서는

 다음 글을 읽고 문장을 따라 써 보아요.

교 실   안 을   살 펴 보 신 ✓

뒤   말 씀 하 셨 습 니 다 .

 '싸'으로 시작하는 낱말을 바르게 써 보아요.

싸우다

싸리나무

쑥닥이다

'짜'으로 시작하는 낱말을 바르게 써 보아요.

짜증나다

쪼그리다

쪽지

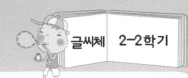
 틀린 글자예요. 바르게 고쳐 써 보아요.

흙탕물	흙 탕 물
에꾸눈	애 꾸 눈
물속을 해집고	헤 집 고
뿌여케	뿌 옇 게

1 느낌을 나누어요

1. 은방울꽃
2. 조로롱 매달린
3. 달랑달랑 방울 소리
4. 간당간당 고갯말
5. 은방울에 맺힌 빗방울
6. 향기까지 흔들린다
7. 서울 길을 올라가서
8. 밤 한 되를 사다가
9. 선반 밑에
10. 들락날락 다 까먹고

1. 밤 한 톨
2. 가마솥에다 삶을까
3. 바가지로 건져서
4. 겉껍질은 누나 주고
5. 알공달공 나눠 먹자
6. 야들야들
7. 욕심 많은 양반
8. 꿩 사냥
9. 쫄깃쫄깃 맛이 있을까
10. 냠냠 한번 먹어 볼까

1. 시도 안 짓고
2. 입맛만 다셨습니다
3. 기운이 없지 않겠습니까
4. 얼굴이 붉어져
5. 두 개의 옹달샘
6. 종달새의 고운 소리
7. 샘물로 가득 차 있는
8. 망가뜨리면
9. 혼쭐을 낼 거야
10. 숲 속 친구들

1. 귀를 쫑긋거리며
2. 싫어 싫어
3. 털을 떨어뜨릴 수도
4. 마음껏 마시렴
5. 깡충깡충 뛰어다녔어요
6. 나뭇잎이 바람에
7. 홀짝홀짝 샘물을
8. 자꾸만 쌓여 갔어요
9. 까맣게 잊었어요
10. 알록달록하게 물 든

단원별 받아쓰기장

2 바르게 알려 줘요

1. 어린이 박물관
2. 국립중앙박물관
3. 삶의 보금자리
4. 농사짓는 도구들
5. 마음과 영혼
6. 무기와 무사들
7. 갑옷을 직접 보고
8. 우수한 악기들
9. 물을 뿜어요
10. 잠수한 고래

1. 한꺼번에 숨구멍으로
2. 따뜻한 숨
3. 차가운 공기
4. 서로 닿아 뭉치면서
5. 왼쪽으로 치우쳐
6. 비스듬히 물을 뿜지
7. 가는 말이 고와야
8. 오는 말이 곱다
9. 말을 곱게 하라는 뜻
10. 예로부터 전해져

1. 속담은 교훈을 담고
2. 티끌 모아 태산
3. 태산처럼 큰 것
4. 가르침을 담고
5. 조상의 지혜
6. 속담을 넣어 말하면
7. 좀 더 쉽고 분명하게
8. 돌을 깎아 만든
9. 마을 어귀나 길가
10. 장승을 세워 두었단다

1. 마을 지켜 주는 구실
2. 나쁜 병이나 기운
3. 길을 알려주는 역할
4. 키가 큰 장승
5. 도깨비처럼 무섭게
6. 할아버지처럼 친근한 모습
7. 우스꽝스러운 모습
8. 어려움을 함께 나누는
9. 든든한 친구 하나
10. 동무와 같았어

3 생각을 나타내요

1. 뾰족한 자기 머리
2. 넓적한 자기 얼굴
3. 동그라미
4. 아무 자랑도 하지 않았답니다
5. 나무 밑으로 굴러갔어요
6. 데려다 주었답니다
7. 지혜로운 아들
8. 심술궂은 사또
9. 엉뚱한 일을 시킬지 몰라
10. 찬바람이 쌩쌩부는 겨울날

1. 산딸기를 따 오너라
2. 큰 벌을 내리겠다
3. 이 일을 어찌할꼬
4. 걱정하지 마십시오
5. 아버지께서 편찮으셔서
6. 꾀병을 부리는구나
7. 어이없다는 듯이
8. 겨울에는 독사가 없지요
9. 얼굴을 붉히며
10. 동생과 산책을 하였습니다

1. 쓰레기가 쌓여 있어
2. 예쁜 꽃과 나무
3. 개천 물도 더러웠습니다.
4. 물놀이도 했는걸
5. 함부로 쓰면서
6. 쓰레기를 함부로 버리면
7. 물은 소중하니까요
8. 물놀이를 하자
9. 방긋 웃었습니다
10. 즐거운 생활

1. 살고 싶은 집
2. 마당이 있는 집
3. 강아지나 고양이
4. 친구들과 뛰어놀기
5. 있으면 가고 싶은 곳
6. 여행하고 싶어
7. 주변 경치가 아름다운 집
8. 방도 많으며
9. 커다란 자동차
10. 친구들은 즐거워하였습니다

단원별 받아쓰기장

4 마음을 주고받으며

1. 어저께도 홍시 하나
2. 우리 나무에 왜 앉았나
3. 맛 뵐려구 남겨 뒀다
4. 다리를 절뚝거리며
5. 경기를 하였다
6. 고깔을 빨리 돌아오면
7. 이기는 경기였다
8. 차례를 기다리면서
9. 응원을 하였다
10. 우리 편이 조금 앞서 있었다

1. 민지가 찬 공과 부딪쳤다
2. 일으켜 줘야 하나
3. 내 이름을 부르며
4. 얼굴이 빨갛게 변해
5. 옷에는 흙이 묻어 있었다
6. 눈길도 주지 않았다
7. 책 사랑 글짓기 대회
8. 어깨가 으쓱하였다
9. 머리를 쓰다듬어
10. 집으로 가는 발걸음

1. 길가의 꽃들
2. 자동차도 빵빵 소리를 내며
3. 누리집을 찾아보았다
4. 시를 읽으며 흐뭇해하셨다
5. 책이 준 선물이구나
6. 책은 선물 보따리란다
7. 어머니의 손이 따스하였다
8. 백두산 장생초
9. 백두산 아래 외딴 마을
10. 나무를 해다 팔거나

1. 품삯을 받고
2. 병으로 누워 지내시는
3. 지극한 정성으로
4. 병을 낫게 할 좋은 약
5. 지혜로운 노인을 찾아갔습니다
6. 바위 위에 주저앉았습니다
7. 여기는 무엇하러 왔나
8. 힘들게 왔는데 안타깝구먼
9. 곳곳에 씨앗을 뿌렸습니다
10. 발을 옮길 힘조차

110

불러주는 내용을 기억하며 바르게 써 보아요.

5 어떻게 정리할까요?

1. 딱지치기의 방법
2. 뒤집기로 딱지를 따려면
3. 딱지를 쳐서 뒤집어야 합니다
4. 원 밖으로 쳐 내서
5. 소중한 이
6. 처음으로 나는 이
7. 세 살 정도 되면
8. 스무 개쯤 됩니다
9. 이갈이를 합니다
10. 새로운 이가 생기면서

1. 스물여덟 개의 새 이
2. 간니 또는 영구치
3. 충치가 생길 수 있다는 사실
4. 이를 깨끗이 닦는 습관
5. 푸른숲수목원
6. 울창한 나무 사이로
7. 오솔길이 나 있습니다
8. 전나무, 잣나무, 소나무
9. 향을 맡으며 흙을 밟고
10. 오솔길이 끝나는 곳

1. 들꽃 정원이 있습니다
2. 범부채꽃, 구절초꽃, 패랭이꽃
3. 흔히 볼 수 없는 들꽃
4. 햇빛을 받으며
5. 푸릇푸릇하게 자라고
6. 오이, 상추, 고추, 호박
7. 채소가 자라는 모습
8. 열매 맺는 모습
9. 아름다운 자연
10. 천연 염색 이야기

1. 옷감에 물을 들였습니다
2. 천연 염색의 재료가 됩니다
3. 치자와 쪽 등이 있습니다
4. 노란색 옷감이 만들어집니다
5. 우리집 재롱둥이
6. 초록색 풀인 쪽
7. 공기와 닿으면 파란색이 됩니다
8. 오징어 먹물과 벌레, 조개
9. 딱지가 홀딱 넘어갈 때
10. 내가 넘어가는 것 같다

6 하고 싶은 말

1. 함께 살아가고
2. 어린이, 노인에서부터
3. 얼굴색이 다른 외국인
4. 서로 다른 일을 하며
5. 서로를 이해할 때
6. 행복하게 살아갈 수 있습니다
7. 우리 동네 놀이터
8. 재미있는 놀이 기구
9. 친구들과 놉니다
10. 쓰레기통을 없애면서

1. 쓰레기를 버릴 곳
2. 놀이터가 훨씬 깨끗해질 것이라고
3. 제 생각은 다릅니다
4. 제때에 비우지 않으면
5. 나쁜 냄새도 납니다
6. 길을 넓히는 일
7. 마을 회의를 열었습니다
8. 넓히지 말자는 의견
9. 좋은 점도 있어요
10. 나무를 많이 베어야

1. 공기도 나빠지게 돼요
2. 길이 좁으니까
3. 참 불편해요
4. 소라가 아팠을 때
5. 시간이 많이 걸렸어요
6. 아씨방 일곱 동무
7. 바느질을 즐겨 하는
8. 자, 가위, 바늘, 실
9. 골무, 인두, 다리미
10. 낮잠이 들었습니다

1. 큰 키를 뽐내며
2. 옷감의 넓고 좁음
3. 길고 짧음
4. 입을 삐쭉이며
5. 형님 자랑만 하는 군요
6. 새침데기 바늘 각시
7. 구슬이 서말이라도
8. 꿰어야 보배이지요
9. 들쑥날쑥 울퉁불퉁
10. 뾰족뾰족 다듬어서

7 재미가 솔솔

1. 쟁반같이 둥근 달
2. 남산 위에 떴지
3. 방을 가득 채운다
4. 짜릿하고 향긋한
5. 빛으로 물들이고
6. 사르르 군침 도는
7. 귤 한 개가 방보다 크다
8. 산 위에서 보면
9. 나뭇가지에 달렸어요
10. 새장처럼 얽어 놓은 창문

1. 참새 같은 아이들
2. 장난감 같은 교문
3. 얼굴을 내밀지요
4. 떠밀며 날아 나오지요
5. 길을 잃어 버리고
6. 푯말을 발견하였습니다
7. 거꾸로 나라로 가는 길
8. 가벼워 지는 것 같더니
9. 두 다리가 위로 올라가고
10. 머리가 땅바닥에 닿았습니다

1. 땅을 짚고 물구나무섰습니다
2. 몸이 말을 듣지 않았습니다
3. 어리둥절하였습니다
4. 산토끼와 다람쥐
5. 금빛 왕관을 가지고
6. 어서 왕관을 쓰십시오
7. 내가 임금이라고
8. 발에다 씌워 드릴께요
9. 난 머리에 쓸 테야
10. 똑바로 서려고

1. 안간힘을 썼습니다
2. 마음대로 지어 보렴
3. 팔꿈치를 세워
4. 이마가 종이에 부딪칠 만큼
5. 신통한 생각
6. 번갯불처럼 스치는 것
7. 크레용이 없는 칠성이
8. 한번 걷어치운 뒤
9. 작문 시간이 끝날 무렵
10. 읽을 테니 들어 보아라

원고지 사용법

제목쓰기
- 맨 첫째 줄은 비우고, 둘째 줄 가운데에 씁니다.

| | | | | | | 학 | 교 | | | | | |

학교, 학년 반, 이름쓰기

- 학교는 제목 다음 줄에 쓰며, 뒤에서 세 칸을 비웁니다.
- 학년과 반은 학교 다음 줄에 쓰며, 뒤에서 세 칸을 비웁니다.
- 이름은 학년, 반 다음 줄에 쓰며, 뒤에서 두 칸을 비웁니다.
- 본문은 이름 밑에 한 줄을 띄운 후 문장이 시작될때는 항상 첫 칸을 비우고 씁니다.

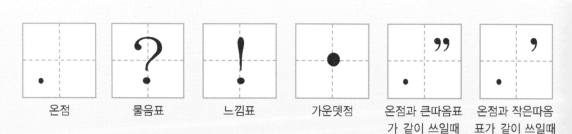

| 온점 | 물음표 | 느낌표 | 가운뎃점 | 온점과 큰따옴표가 같이 쓰일때 | 온점과 작은따옴표가 같이 쓰일때 |

●아라비아 숫자는 한 칸에 두 자씩 씁니다.

| | 19 | 98 | 년 | | 2 | 월 | | 28 | 일 | | | | | | | |

●문장 부호도 한 칸을 차지합니다.(온점)

| | 하 | 였 | 습 | 니 | 다 | . | | | | | | | | |

●말없음표는 한 칸에 세 개씩 나누어 두 칸에 찍습니다.

| | 꼭 | | 가 | | 보 | 고 | | 싶 | 은 | 데 | … | … | . | | |

●문장 부호 중 물음표나 느낌표는 그 다음 글을 쓸 때는 한 칸을 비웁니다.
그러나 온점이나 반점은 그 다음 칸을 비우지 않고 씁니다.

	하	느	님	!		하	느	님	이		정	말		계	실	까	?
보	람	이	는		궁	금	했	습	니	다	.		누	구	한	데
물	어	보	아	야		하	나	?		엄	마	한	데		물	어	볼
까	.		아	빠	한	테		물	어	볼	까	?				

큰따옴표

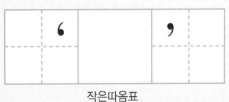

작은따옴표

2016년 5월 20일 초판 **발행**
2020년 6월 10일 3쇄 **발행**

발행처 주식회사 지원 출판
발행인 김진용

주소 경기도 파주시 탄현면 검산로 472-3
전화 031-941-4474
팩스 0303-0942-4474

등록번호 406-2008-000040호